Lesezug – 1. Klasse

Liebe Mütter, liebe Väter, liebe Omas,
liebe Opas, liebe Tanten, liebe Onkel,
liebe Lehrerinnen und Lehrer!

Kinder, die zu lesen beginnen, greifen gerne zu Büchern.
Sie entdecken, dass Wörter Geschichten ergeben,
und wollen selbst lesen.

Die Ich-lese-selbst-Bücher aus der G&G-Lesezugreihe
unterstützen diese Motivation und Freude durch ihr
besonderes Konzept.
Die Bücher sind in vier Kapitel eingeteilt, in denen sich
die Textlängen mit den Kapiteln steigern.
Im ersten Kapitel liest das Kind einen einfachen Satz pro Seite,
der durch eine große Illustration unterstützt wird.
Im vierten Kapitel liest es schon vier lange Sätze
mit schwierigeren Wörtern. Dies entspricht dem natürlichen
Verhalten eines Erstlesers.
Die Geschichten regen nicht nur durch ihre Inhalte, sondern
auch durch ansprechende Illustrationen zum Weiterlesen an.

Viel Freude beim Lesen und Unterstützen Ihrer Kinder!

Ihr G&G Verlag
Lesepädagogisches
Lektorat

Susa Hämmerle

Anna, Oma und der Bauernhof

Mit Illustrationen von
Birgit Antoni

Von Susa Hämmerle unter anderem im G&G Verlag erschienen:

„Felix, Opa und das Glück", Lesezug 1. Klasse, ISBN 978-3-7074-1487-5
„Anna and Granny on the Farm", Lesezug Englisch 1. Klasse, ISBN 978-3-7074-1099-0
„Prinzessinnen", Lesezug – Willst du es wissen? Gemeinsam mit Michaela Holzinger,
ISBN 978-3-7074-1220-8
„Der neue Österreich-Atlas", ISBN 978-3-7074-1364-9

Begleitmaterial zu diesem Buch finden Sie unter www.lesezug.at zum Gratis-Download!

Für Anna

www.ggverlag.at

ISBN 978-3-7074-0342-8

In der aktuell gültigen Rechtschreibung

7. Auflage 2015

Illustration: Birgit Antoni
Spiel- und Spaß-Seiten: Mag. Eva Siwy
Printed by Litotipografia Alcione, Lavis-Trento, über Agentur Dalvit, D-85521 Ottobrunn

© 2008 G&G Verlagsgesellschaft mbH, Wien
Alle Rechte vorbehalten. Jede Art der Vervielfältigung, auch die des auszugsweisen Nachdrucks,
der fotomechanischen Wiedergabe sowie der Einspeicherung und Verarbeitung in elektronische Systeme,
gesetzlich verboten. Aus Umweltschutzgründen wurde dieses Buch auf chlorfrei gebleichtem Papier gedruckt.

Inhalt *Lia*

1. Tasso und die Eier 4
2. Die Katze Mia 14
3. Das brave Schaf 22
4. Der Apfeldieb 30

Spiel- und Spaß-Seiten 40

Tasso und die Eier

Anna hat eine tolle Oma.

Sie kann Traktor fahren.

Und die Kuh Moni melken.

Und feine Kuchen backen.

Sie braucht Äpfel und Eier.

Anna darf die Eier holen.

Da kommt Tasso angerannt!

Oje, kein Ei bleibt ganz!

Oma lacht!

Nun gibt es Apfelmus.

Die Katze Mia

Mia hat einen dicken Bauch.
Bald wird sie Junge haben!

Anna ist ganz aufgeregt!
Sie gibt Mia jeden Tag Milch.

Sie macht ihr auch ein Bett.
Da sollen die Jungen liegen.

Da kommt Mia ohne Bauch!
Wo hat sie die Katzenkinder?

Anna sucht im ganzen Hof.
Sie sind nicht im Katzenbett.

Sie sind nicht im Stall.
Sie sind nicht im Keller.

Anna sucht am Dachboden.
Endlich findet sie die Jungen.

Sie liegen in Annas Bett!
Mia sieht sehr stolz aus!

Das brave Schaf

Anna darf zu den Schafen.
Sie sind auf der Weide.
Oma und Tasso gehen mit.

Die Schafe schauen Anna an.
Nicht gerade klug, aber lieb!
Das Braune mag Anna sehr.

Auf einmal bellt Tasso.
Er rennt den Zaun entlang.
Im Zaun ist ein Loch!

Im Loch steckt ein Schaf.
Es kann nicht nach vor.
Und nicht nach hinten!

Oma holt eine Zange.
Anna und Tasso bleiben beim Schaf. Es hat Angst.

Anna singt ihm ein Lied vor:
„Schlaf, Schaf, schlaf.
Sei ein braves Schaf!"

Das Schaf wird ganz ruhig.
Da kommt Oma mit der
Zange und befreit es.

Es hopst zu den anderen.
Anna ist sehr froh und stolz
auf ihre kluge Oma.

Der Apfeldieb

Die Äpfel sind reif.
Anna hilft Oma bei der Ernte.
Zuerst heben sie die Äpfel
auf. Oje, manche sind faul!

Die bekommt Rosa.
Rosa ist Omas Schwein.
Es hat gerade Ferkel.
Sie trinken Milch von Rosa.

Die guten Äpfel gibt Oma in den Korb. Er ist bald voll. Oma trägt ihn in den Keller. Anna wartet in der Sonne.

Aber was ist denn das?
Im Baum knackt es!
Anna schaut erschrocken hoch.
Sie sieht einen Apfel fallen!

„Au!" Das gibt eine Beule.
Anna reibt sich den Kopf.
Was ist denn da oben?
Sie schielt vorsichtig hinauf.

Aha, zwei Beine!
Sie baumeln vom Baum.
Leise hebt Anna einen Apfel
auf. Dann zielt sie. „Au!"

Der Apfeldieb ist ertappt.
Es ist Lukas, der Nachbarbub.
Verlegen klettert er hinunter,
gerade als Oma die Leiter
bringt!

Oma lacht und lacht.
Ihre Strafe aber ist gerecht.
Lukas muss bei der Ernte helfen! Er im Baum und Oma unten.

Bald ist Anna auch im Baum. Lukas und sie ernten viele Äpfel. Zu Mittag ist der Baum leer und Omas Keller voll!

Aber wo sind die schönsten
Äpfel geblieben?
Keine Frage – auf Omas
Kuchen. Dem feinsten
Apfelkuchen der Welt!
Das findet auch Lukas.

Was Oma alles kann!

Ringle die richtigen Sätze ein!

Oma kann Traktor fahren.

Oma kann Klavier spielen.

Oma kann Kühe melken.

Oma kann Bilder malen.

Oma kann Kuchen backen.

So viele Tiere!
Doch wer ist wer?
Verbinde richtig!

Rosa

Moni

— Mia

Tasso

Schau genau!

Schau dir das Bild auf Seite 13 an! Streiche durch, was nicht darauf ist!

Sessel

Lampe

Serviette

Löffel

Teller

Oma

Messer

Mia

Anna

Apfelmus

Krug

Gabel

Kuchen

Glas

Rätsel!

Spiel & Spaß

❋ Welches Tier retten Oma und Anna?

◯ Was möchte Oma backen?

🍎 Wo lagert Oma die Äpfel?

🧺 Wie heißt der Apfeldieb?

🐈 Wo findet Anna die Katzenbabys?

🐖 Was trinken die Ferkel von Rosa?

Lösung: __ __ __ __ __ __ __

Der G&G-Lesezug

Alle Lesezug-Bücher sowie Begleitmaterial finden Sie unter www.lesezug.at

- Lesezug-Malhefte zum Schreibenlernen
- Lesezug-Rätsel zum Lesenlernen
- Lesezug Lese-Minis

ISBN 978-3-7074-1811-8
1. Klasse, ab 5/6 Jahren

ISBN 978-3-7074-1606-0
1. Klasse, ab 5/6 Jahren

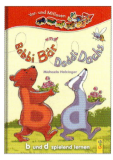

ISBN 978-3-7074-1486-8
1. Klasse, ab 5/6 Jahren

ISBN 978-3-7074-1657-2
1. Klasse, ab 5/6 Jahren

ISBN 978-3-7074-1052-5
1. Klasse, ab 5/6 Jahren

ISBN 978-3-7074-1132-4
1. Klasse, ab 5/6 Jahren

ISBN 978-3-7074-1281-9
1. Klasse, ab 5/6 Jahren

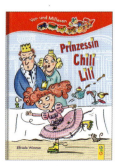

ISBN 978-3-7074-1656-5
1. Klasse, ab 5/6 Jahren

ISBN 978-3-7074-0337-4
1. Klasse, ab 5/6 Jahren

ISBN 978-3-7074-1097-6
1. Klasse, ab 5/6 Jahren

ISBN 978-3-7074-0338-1
1. Klasse, ab 5/6 Jahren

ISBN 978-3-7074-1576-6
1. Klasse, ab 5/6 Jahren

ISBN 978-3-7074-1658-9
1. Klasse, ab 5/6 Jahren

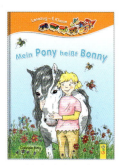
ISBN 978-3-7074-1659-6
1. Klasse, ab 5/6 Jahren

ISBN 978-3-7074-0342-8
1. Klasse, ab 5/6 Jahren

ISBN 978-3-7074-1487-5
1. Klasse, ab 5/6 Jahren

ISBN 978-3-7074-1443-1
1. Klasse, ab 5/6 Jahren

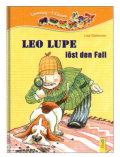
ISBN 978-3-7074-1133-1
1. Klasse, ab 5/6 Jahren

ISBN 978-3-7074-1605-3
1. Klasse, ab 5/6 Jahren

ISBN 978-3-7074-1338-0
1. Klasse, ab 5/6 Jahren

ISBN 978-3-7074-0341-1
1. Klasse, ab 5/6 Jahren

ISBN 978-3-7074-0340-4
1. Klasse, ab 5/6 Jahren

ISBN 978-3-7074-0339-8
1. Klasse, ab 5/6 Jahren

ISBN 978-3-7074-0403-6
1. Klasse, ab 5/6 Jahren

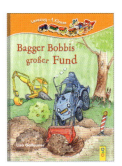
ISBN 978-3-7074-1384-7
1. Klasse, ab 5/6 Jahren

ISBN 978-3-7074-0392-3
1. Klasse, ab 5/6 Jahren

ISBN 978-3-7074-1230-7
1. Klasse, ab 5/6 Jahren

ISBN 978-3-7074-1180-5
1. Klasse, ab 5/6 Jahren